한 청년에게
예수를 믿어야 하는
이유를 설명하다

EXIT

하정완 목사의 청년서신 1

하정완 목사의 청년서신 I

EXIT

한 청년에게 예수를 믿어야 하는 이유를 설명하다

지은이 · 하정완
펴낸이 · 이충석
꾸민이 · 성상건
편집디자인 · 자연DPS

펴낸날 · 2015년 8월 20일
3쇄 펴낸날 · 2019년 11월 11일

펴낸곳 · 도서출판 나눔사
주소 · (우) 122-080 서울특별시 은평구 은평터널로7가길
20, 303(신사동 삼익빌라)
전화 · 02)359-3429 팩스 02)355-3429
등록번호 · 2-489호(1988년 2월 16일)
이메일 · nanumsa@hanmail.net

ISBN 978-89-7027-172-9 -03230

값 4,000원

이 도서의 국립중앙도서관 출판예정도서목록(CIP)은 서지정보유통지원시스템 홈페이지(http://seoji.nl.go.kr)와 국가자료공동목록시스템(http://www.nl.go.kr/kolisnet)에서 이용하실 수 있습니다. (CIP제어번호 : CIP2015022247)

한 청년에게
예수를 믿어야 하는
이유를 설명하다

EXIT

하정완 목사의 청년서신 I

나눔사

길을 찾는 청년, 그대에게

기도하면서 이 책을 드립니다.

출구가 보이지 않는 세상에서
출구를 찾는데 실마리라도
도움이 되기를 소망합니다.

.... 에게

.... 드림

* 다음장의 잘려나간 부분은
이 책을 당신에게 선물한 분이
당신의 이름과 선물한 날짜를 적은 부분입니다.
당신을 위해 기도하기 위함입니다.

구입하여 책을 전달하기 전에

주의 1 : 먼저 6과 7과를 봉인하십시오!

분명히 누군가에게 복음을 건네고 싶은 마음에서 구입하셨을 것입니다. 먼저 책을 훑어 읽어보신 후 6과와 7과를 함께 봉인하십시오. 그리고 선물로 주시기 바랍니다.

[봉인 방법]

어떤 종류든 스티커를 구입하신 후 다음의 그림처럼 봉인하십시오.

주의 2 : 실선 부분을 잘라내십시오. 그리고 이 책을 받은 사람이 누구인지 적으시고 기도하시기 바랍니다.

책 받은 이 : ....

전달 일시 : ....

차 례

| 저자 서문 |

'그 꽃'에 대한 질문

그 꽃

내려갈 때 보았네
올라갈 때 못 본
그 꽃

고은 시인의 시 '그 꽃'입니다.
짧지만 강력한 질문이 생겼습니다.

'왜 올라갈 때는 그 꽃을 보지 못했는가?'

참 궁금한 이야기입니다.
왜 보지 못한 것입니까?

2015년 여름의 길목에
하정완 목사

1
왜 '그 꽃'을 보지 못했는가?

'왜 올라갈 때는 그 꽃을 보지 못했는가?'

올라갈 때 보지 못한 이유는 산 정상까지 올라가는 것에만 신경을 썼기 때문입니다. 목적을 향해 걸어가는 동안 다른 것을 생각할 겨를이 없었던 것입니다.

대학을 들어가야 하니까, 그런데 대학이 끝이 아니었습니다. 학교 공부는 물론이지만 이상한 압박을 당합니다. 그래서 아르바이트를 하고 시간을 내어 데이트도 해야 합니다. 졸업은 멀었지만 취업을 해야만 하고, 취업을 하거나 결혼을 해도 끝난 것이 아닙니다. 더 많은 것들이 기다리고 있습니다. 드디어 인생을 사는 것이 무엇인지를 만난 것입니다. 모든 것이 이런 것입니다. 마치 산을 넘으면 또 다른 산이 기다리고 있는 것 같습니다.

그런 까닭입니다. 올라가는 길 가에 피어있는 들꽃을 볼 틈도 없습니다.

우리는 그렇게 살아온 것입니다.

'왜 내려갈 때야 그 꽃이 보였는가?'

목표를 이루었든 이루지 못했든 목표가 끝났기 때문입니다. 그제서야 올라갈 때 보지 못한 들꽃이 보인 것입니다.

'그렇다면 내려갈 때 누구나 그 꽃을 볼 수 있는가?'

누구나 볼 수는 없을지도 모릅니다. 그 목표를 이룬 사람은 그 목표에 도취되어서 볼 틈이 없을지 모르고 그 목표를 이루지 못한 사람은 상실감과 비참함에 빠져 볼 수 없을지 모릅니다.

그 사람

내려갈 때도
보지 못했네

그 꽃
죽을 때까지
있는 줄도 몰랐네

그 사람

그때부터 사람들은 '인생은 그런 것이다' 라고 말하면서 살 뿐입니다. 그러다 어쩌다 그 꽃이 보고싶을 수도 있을 것입니다. 그렇다고 해서 볼 수 있는 것은 아닙니다. 그 꽃이 항상 거기에 있는 것은 아니기 때문입니다.

그 꽃 2

소문을 들었네
그 꽃

올라가면서 보려하였네
보지 못했네
내려가면서 보려하였네
보지 못했네

그 꽃

이미 시든걸 몰랐네

그러다 끝나는 것입니다. 어느 날 더 이상 무엇을 추구할 힘도 남아있지 않은 자신을 발견할 것입니다. 어떤 새로운 목표를 정해서 다시 그 산으로 올라갈만한 용기도, 힘도 남아있지 않은 채 끝에 이르는 것입니다. 그것이 인생의 끝입니다. 끝난 것입니다.

그 사람 2

올라가고 싶었네
꼭 보고 싶었네

그 꽃

갈 수 없었네
누워 산만 쳐다보았네
그 사람

2
익숙하기 때문

'왜 그 꽃을 보지 못한 것일까?'

참 궁금한 일입니다. '왜 보지 못한 것일까?' 1995년에 개봉되었던 영화 '쇼생크 탈출'에서 실마리를 찾을 수 있을 것 같습니다.

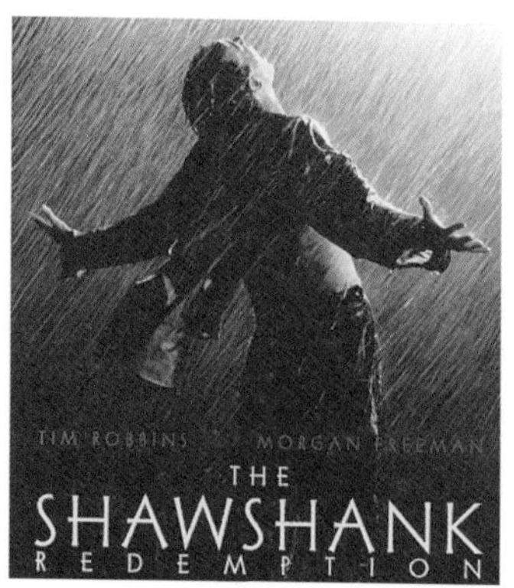

은행가인 앤디 듀프레인이 아내와 그녀의 정부를 살해했다는 누명으로 종신형을 선고받고 수감됩니다. 그가 수감된 쇼생크 감옥은 수감자 거의 대부분이 종신형이나 사형수들이었습니다.

브룩스는 그들 중 한 사람이었습니다. 그는 감옥 쇼생크에서 50년을 지낸 모범수였습니다. 그래서 교도소는 어느 날 50년 수감을 정지하고 출감시키기로 결정합니다. 그런데 그때부터 그는 불안한 증상을 보입니다. 급기야 브룩스는 한 동료를 붙잡고 칼을 들이대고 인질극을 벌입니다. 놀랍게도 브룩스가 그렇게 행동한 것은 감옥에 남기 위해서였습니다. 감옥 밖이 불안했던 것입니다.

50년의 힘이었습니다. 50년 동안 감옥에 갇혀 있던, 아니 감옥에서 살던 브룩스는 그 생활이 자연스러웠던 것입니다. 그 같은 소동을 부리는 브룩스를 보면서 사람들은 미쳤다고 말했지만 그의 동료 레드는 '길들여졌기' 때문이라고 해석하였습니다.

> '브룩스는 미친 것이 아냐. 교도소에 길들여진 것 뿐이야. 50년을 있어봐. 바깥 세상을 몰라. 여기선 그가 대장이야. 모르는 게 없지. 하지만 사회에선 아무 것도 아냐. 쓸모 없는 쓰레기지... 이 철책이 웃기지. 처음에는 거부하려하지만 곧 익숙해져가. 그리고 세월이 지나면 벗어날 수 없게 되지. 그게 길들여지는 거야.'

'길들여졌다(institutionalized).' 길들여진 것입니다. 감옥이, 지금 그 상황이 익숙하고 편해진 것입니다.

> '처음에는 거부하려하지만 곧 익숙해져가.'

참 놀라운 말입니다. '익숙해져서 길들여진다는 것!' 정말 무섭습니다. 왜냐하면 점차 그 감옥이 진실로 여겨지기 때문입니다. 분명히 감옥이지만 길들여지자 그 감옥이 편하고 자연스러워졌기 때문입니다.

어쩔 수 없이 브룩스가 세상에 나왔습니다. 그는 적응할 수 없었습니다. 자유롭게 살아야 할 세상이 오히려 그에게는 지옥처럼 다가왔습니다. 살 수가 없었습니다. 결국 그가 택한 것은 죽음이었습니다. 자신이 살던 아파트 문설주에 이렇게 한 줄의 글을 남기고 말입니다.

'Brooks was here. 브룩스 여기에 있었다.'

50년 동안 쇼생크에 있던 브룩스는 이 세상을 감당할 수 없었습니다. 이 세상은 어떤 시스템에 의해 움직이고 있었기 때문입니다. 놀랍게도 약육강식, 적자생존, 자연도태가 생존원리였습니다. 이 세상에서 살아남기 위해서는 무조건 죽도록 열심히 살아야했습니다. 무서운 세상이었습니다. 도무지 적응할 수 없었습니다. 그가 끝을 택한 이유였습니다.

쇼생크 시스템

우리 역시 그 시스템 아래서 살고 있습니다. 그런데 재미있는 것은 브룩스처럼 절망적으로 반응하지는 않습니다. 이유는 간단합니다. 우리가 살아온 세상이기 때문입니다. 익숙한 것입니다. 그저 이 세상에 살기 때문에 속절없이 주어진 세상의 논리를 따라 사는 것입니다. '그 꽃'에 관심을 갖지 않는 이유이기도 합니다. 이미 사람들의 관심은 '그 꽃'이 아니라 조금 더 좋은 차, 좋은 직장과 집 그런 것들로 이미 변형되었기 때문입니다.

이 세상 사람이 된 것입니다. 착한(?) 이 세상 사람 말입니다.

그 사람 3

거기에 꽃이 있든
거기에 꽃이 없든
관심이 없지

한때
그 꽃을 생각했을뿐
아예 사라지고 없지

그 사람 안에
더 이상 꽃은 없으니
그런 거지

익숙한 것입니다. 쇼생크 밖보다 쇼생크 안이 더 편한 것처럼, 정해진 이 세상의 논리를 따라 이 세상 시스템 안에서 사는 것이 편해진 것입니다. 지금 대부분의 사람들이 사는 것처럼 말입니다.

'당신의 삶은 어떻다고 생각하십니까?'

3
어디론가 가고 있다

길을 걸어왔다
가는 곳이 분명하지 않았지만
걸어왔다

사람들이 낳은 길
그 길을 따라 걸어왔다

다른 길을 만나기도 했다
하지만 사람들이 가는 길
늘 하던 방법
늘 익숙한 것을 택하였다

어디로 가는지
무엇을 만날지
잘 알지는 못하지만
사람들이 가니까.
익숙하니까.
모든사람들이 이길을 가니까-

어디론가 가고있지만
내 친구는 아니다.

어느날 미끄러운 절벽
그 아래로 떨어지면
나를 밟고서라도
올라가게 할 것이다.
「약육강식」
. . . .

그리고 끝을 만날 것이다.
돌아갈 수가 없다.
다른 길을 찾기에 너무 늦었다.

4
출구가 있는가?

'어디론가 가고 있다.'

참 기막힌 이야기입니다.
그런데 결론을 우리는 알고 있습니다.

'출구는 없는 것인가?'

4세기 경 벨기에의 왕은 레이몬드 3세였는데, 그의 친동생이 쿠데타를 일으켜 정권을 잡았습니다. 동생은 쿠데타로 정권을 잡았지만 형을 죽일 수는 없었습니다. 그러다 동생이 묘수를 찾아냈습니다.

형 레이몬드 3세를 위해 특수한 감옥을 만든 것입니다. 그 감옥의 문은 다른 문에 비해 협소하였습니다. 그런 까닭에 뚱뚱한 레이몬드 3세는 당장 빠져나갈 수는 없었습니다. 하지만 얼마든지 마음 먹고 다이어트를 하고 몸을 줄이면 나올 수 있는 문이었습니다.

형 레이몬드 3세의 감옥에는 날마다 맛있는 음식이 풍성하게 공급되었습니다. 정권은 빼앗았으나 형님을 존중한다는 체면도 세우는 일석이조의 계략이었습니다.

레이몬드 3세의 몸무게는 줄어들지 않았습니다. 언제든 몸집을 줄이기만 하면 나올 수 있는 감옥이었지만 그는 의지가 없었습니다. 더욱이 먹는 것을 줄이거나 포기할 수는 없었습니다.

동생의 조치는 형 레이몬드 3세를 무시하고 조롱하는 것이었습니다. '당신은 절대 변화하지 못한다.' 그런 메시지였습니다.

'메시지는 상자였다.'

메시지는 일종의 상자였습니다. 살아오는 날 동안 길들여진 것이었습니다. 매일 반복된 삶의 결과였습니다. 누구를 원망할 일이 아니었습니다. 그것이 레이몬드 3세의 끝이었습니다.

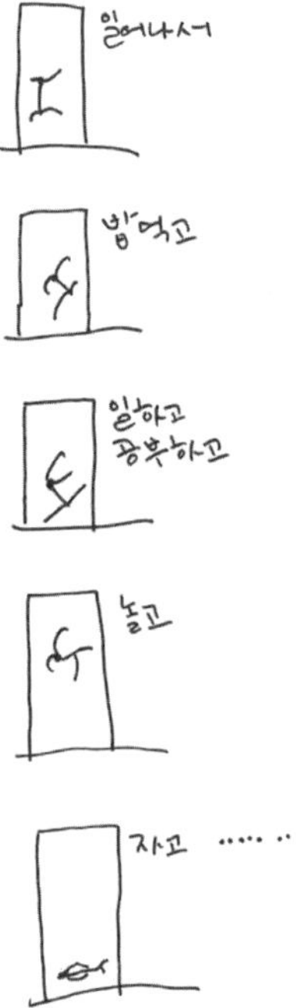

하정완 이야기

나의 삶은 비루하기가 이를데 없었습니다. 아버지와 어머니의 별거, 초등학교 5학년 때 두 분이 다시 결합하였지만 술중독자인 아버지와 사는 것은 힘들었습니다. 술주정과 폭력의 아버지를 보며 나는 재결합한 어머니를 이해할 수 없었습니다. 그런 아버지였지만 중학교 2학년 되던 해에 39살의 나이로 갑자기 요절하셨습니다. 그것은 더 큰 충격이었습니다. 우리의 삶은 더 비참해졌습니다. 더욱이 나는 가난함과 힘든 생활의 어머니 앞에서 한심한 아들에 불과하였습니다.

시간이 갈수록 삶은 더 무기력해져갔습니다. 성적은 끝을 맴돌았고 세상은 나를 그저 그런 놈으로 규정하였습니다. 그렇다고 불쌍한 어머니의 존재는 막 되먹은 놈으로 살 수도 없게 만들었습니다. 나는 이럴 수도 저럴 수도 없는 그저 세상에 존재하는 잉여인간 같았습니다. 존재의 이유가 없었습니다. 그런 나에게 사람들은 '지 애비를 닮아서'라는 딱지를 붙였습니다. 아버지의 삶처럼 나도 그리 살다가 죽을 것 같았습니다.

'그렇다면 더 살 이유가 있는가?' 고등학교 2학년이 되었을 때 내가 던진 질문이었습니다. 죽음을 생각한 이유였습니다.

그때 나는 내가 '상자 안에 있다'는 것을 알았습니다. 갑갑했습니다. 내

힘으로는 도무지 빠져나갈 수 없다는 것도 알았습니다. 철학자 마틴 하이데거가 말한 '죽음을 향한 존재'(Sein zum Tode)라는 말이 이해되었습니다.

상자 속 세상의 결말이 보인 것입니다.

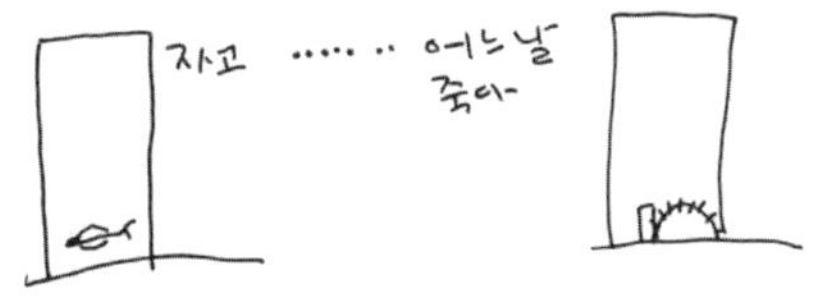

내가 결정할 수 있는 것은 아무 것도 없었습니다. 마치 물에 빠져 익사하기 직전 같은 느낌이었습니다. 스스로 물 속에서 빠져나올 수 있는 방법은 존재하지 않았습니다. 내가 하는 시도란 고작 물 속에서 빠져나오기 위하여 내가 머리카락을 스스로 잡아당기는 시도 같은 것이었습니다. 그것은 희망이 없는 싸움이었습니다.

상자 안에 갇힌 느낌이었습니다. 이 상황에서 살아날 수 있는 방법은 없었습니다. 나를 살릴 수 있는 힘이 내게는 없었습니다. 그저 막연히 누군가 나를 발견하고 밧줄을 던져주기를 기대하는 것 밖에 없었습니다. 오로지 '나 밖에서'만 올 수 있는 것이었습니다.

'나 밖을 쳐다보다.'

고등학교 2학년인 내가 죽음 앞에서 '나 밖을 쳐다 본 것'입니다. 초월에 대한 추구였습니다. 출구(EXIT)가 있나 두리번거린 것입니다.

'출구가 있는가?'

5
봉인(封印)

출구는 보이지 않았습니다. 내가 스스로 그 출구를 찾는 것은 불가능했습니다. 그러나 이것보다 더 심각한 것은 나에게는 의지가 없었다는 것입니다. '나에게는 가망이 없었다.'

- 나는 스스로 절대 나를 구할 수 없다.
- 이미 지쳐 있었다. 의지도 없다.
- 더욱이 나는 착하지도 않다.
- 가난하다.
- 구도적 노력을 기울일만한 힘도 없다.

이처럼 희망 없는 존재인 내가 사는 방법은 없었습니다. 절대로 나의 힘으로 스스로 나올 수는 없었습니다.

이상한 이야기

이제부터 이상한 이야기를 하나 해야겠습니다. 바로 예수에 대한 이야기입니다. 하정완을 살린 이야기입니다.

'그럴 줄 알았다.' 혹은 '무슨 헛소리를 하는가?' 하고 생각하면 책을 덮으십시오. 그래서 이 다음 페이지들을 봉인하였습니다.

이렇게 봉인한 이유는 예수에 대한 이야기가 너무 흔해빠진 값싼 것으로 취급받기 때문입니다. 그런 까닭에 이 책에서만이라도 매우 중요하다는 것을 말하고 싶었습니다. 그래서 봉인했습니다.

그러므로 이 봉인을 뜯으려면 최소한 '내가 진지하게 읽어보겠다'는 생각은 있어야 합니다. 그렇지 않다면 봉인을 뜯지 마시고 여기서 멈추십시오.

STOP!

어떻게 하시겠습니까? 만일 계속 읽기를 원하신다면 다음의 문장에 O표를 하신 후 봉인을 뜯으십시오.

진지하게 읽어보겠다. (   )

봉인(封印)

봉인한 까닭은

소중하기 때문입니다

함부로 취급되고

값싸게 여겨졌기에

6
불합리하기 때문에

'출구가 있는가?'

분명히 출구가 없습니다. 인간이 스스로 노력하여 출구를 찾는 것은 불가능합니다. 역사가 증명합니다. 마틴 하이데거가 '인간은 죽음을 향한 존재'라고 말하지 않았어도 우리는 그냥 압니다. 그렇게 죽음까지 걸어갈 것이기 때문입니다.

죽음은 정해져 있습니다.
그런 의미에서 운명론은 설득력이 있습니다.

익사 직전처럼, 아무 것도 할 수 없는 채 죽음만을 기다릴 수 밖에 없습니다. 이 세상이 정해놓은 시스템에 따라 살다가 끝나는 것입니다. 출구가 보이지 않으니 방법이 없습니다.

그런데 이상한 일이 벌어졌습니다. 익사 직전인 나에게 저 육지에서 밧줄을 던져주는 것처럼, 신(神)이 매우 일방적으로 우리의 노력과 관계없이 우리를 살리기 위하여 인간에게로 오셨다고 기독교는 주장합니다. 바로 예수 그리스도이십니다. 이 어마어마한 모순인 그 사건을 '인카네이션'(성육신/Incarnation)이라고 말합니다. 플라톤의 말을 인용하자면 이데아적 존재가 물질로 오신 것입니다. 전혀 불가능한 일일 뿐 아니라 불합리한 일이었습니다.

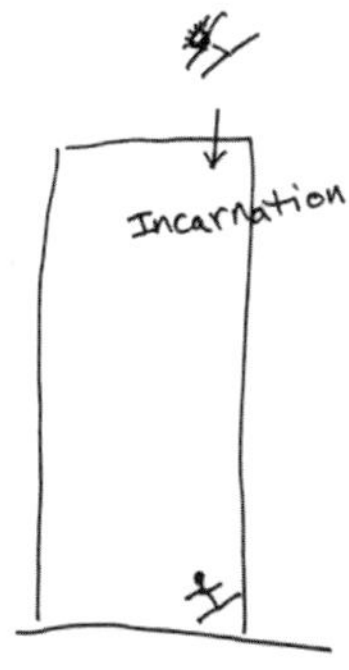

그동안 우리가 알던 신(神)과는 다릅니다. 일반적으로 신(神)은 그리스 로마 신화에 나타난 모습처럼 매우 물질적이고 인간적입니다. 그래서 인간은 물질로 신(神)을 감동시킬 수 있었습니다. 오로지 인간을 위한

신(神)이었습니다. 그러니까 실제로 신(神)이 존재하는 것이 아니라 인간이 만들어낸 가상적인 위로의 존재라 말할 수 있습니다. 그런 의미에서 칼 막스가 '종교는 아편이다'라고 말했는지도 모릅니다.

혹은 구도적인 노력이 필요했습니다. 그래서 고행이 종교의 특징이었습니다. 결국 그 고행과 구도적 노력의 끝에서 깨달음에 이르는 것이 종교였습니다. 이처럼 우리가 알던 신(神)은 매우 인간적이고 세상적이며 논리적이었습니다.

하지만 하나님은 전혀 달랐습니다. 가장 중요한 것은 인간적이지 않다는 것입니다. 더욱이 우리가 움켜쥐고 있는 권력이나 물질이 하나님에게는 의미가 없었습니다. 물질로 하나님을 감동시킬 수 없다는 이야기입니다.

무엇보다 중요한 것은 하나님의 태도였습니다. 우리가 어떤 삶을 살았는지, 어떤 존재인지, 얼마큼 물질과 권력이 있는지 그분에게는 하나도 중요하지 않았습니다. 하나님을 이 세상의 것으로 감동시킬 수 없었습니다.

그런데 하나님이 일방적으로 인간을 살리려 하신 것입니다.

'왜?' 라는 질문이 생길 수 밖에 없습니다. 그런데 성경은 놀랍게도 그 이유를 하나님이 인간을 사랑하시기 때문이라고 말합니다.

> "하나님이 세상을 이처럼 사랑하사 독생자를 주셨으니 이는 그를 믿는 자마다 멸망하지 않고 영생을 얻게 하려 하심이라"(요3:16)

인간답지 않습니다. 논리적이지도 않습니다. 물에 빠져 죽는 이를 살리는 것은 어떤 이유 때문이 아니었습니다. 이 불가사이한 모순, 말도 안 되는 비논리 앞에 성경은 "은혜"라고 설명합니다.

> "너희는 그 은혜에 의하여 믿음으로 말미암아 구원을 받았으니 이것은 너희에게서 난 것이 아니요 하나님의 선물이라"(엡2:8)

'은혜, 비논리의 극치. 일방적인 개입.' 이 일련의 내용들이 비이성적이고 비논리적입니다. 매우 물질적이고 인간적이며 자기 구도적이며 인간의 노력이 필요한 다른 종교들의 주장과는 너무 다릅니다.

믿든지 무시하든지

이제 선택해야 합니다. 먼저 매우 논리적이고 세상적인 노력을 좇아가든지 아니면 이 불합리한 것을 받아들이든지 하는 것만 남아있습니다.

2세기의 철학자 터툴리안은 이 기막힌 불합리함 앞에서 매우 의미심장한 말을 하였습니다.

'나는 불합리하기 때문에 믿는다.'

사실 우리가 합리적으로 이해할 수 있는 것은 믿음이 필요하지 않습니다. 그냥 받아들이면 됩니다. 아니면 운명으로 받아들이는 것입니다. 그것이 합리적인 것에 가깝습니다. 그런데 기독교는, 신앙은 불합리합니다. 우선 전제부터가 그렇습니다. 앞에서 살핀 것처럼 하나님이 인간을 사랑하셔서 독생자 예수를 이 세상에 보내셨다는 것 자체가 불합리합니다.

그래서 기독교는 처음부터 믿음을 요구합니다. 납득할만한 설명이 아니라 '믿음'을 요청할 뿐입니다. 왜냐하면 믿는 것 외에는 달리 설명할 방법이 없기 때문입니다.

'믿든지 무시하든지.' 이것만 남아있을 뿐입니다.

덧붙이는 말

사실 비이성적이고 비논리적이어야 신(神)적인 것이 맞습니다.
매우 불합리하고 이 세상적이지 않아야 신(神)적인 것이 맞습니다.
인간처럼 판단하고 평가하는 것이 아니라 도무지 이해할 수 없을만큼 크고 넓고 깊어야 신(神)적인 것이 맞습니다.
조건적이지 않고 무조건적이며 인간적인 것을 뛰어넘는 매우 초월적이어야 신(神)적인 것이 맞습니다.
그래야 하나님은 거기에 딱 맞고, 예수 그리스도의 십자가 대속의 죽음 역시 완벽하게 맞습니다. 불합리하고 비논리적이기 때문입니다. 그래서 믿음이 쉽지 않은 것인지도 모릅니다.

7
EXIT

하나님의 아들 예수 그리스도께서 공적인 생애를 처음 시작하실 때였습니다. 갈릴리 호숫가에서 베드로 등의 제자들을 부르셨습니다. 그때 예수님의 부르심은 간결하였습니다.

"나를 따라오너라"(개역한글/막1:17)

상자 밖의 존재이신 예수께서 이 세상에 오셔서 하신 첫 번째 부르심이었습니다.

출구를 찾지 못하는 사람들에게 예수의 부르심은 매우 중요했습니다. 길을 안다는 뜻이기 때문입니다. 아니나 다를까 예수께서 하신 또 다른 말씀이 기막혔습니다.

"내가 곧 길이요"(요14:6)

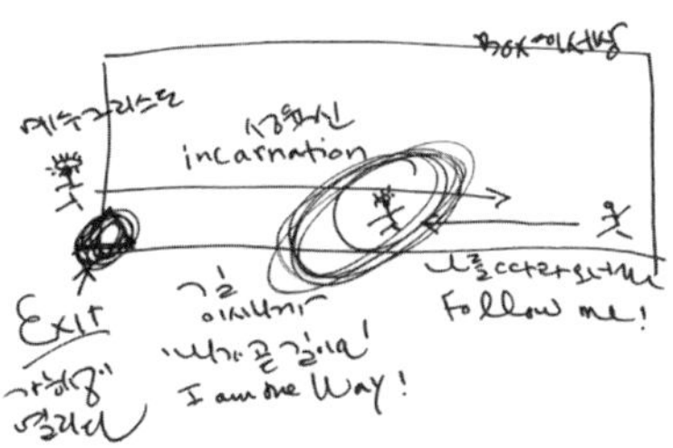

길을 알고 계셨습니다. 예수가 길 자체셨습니다. 그런 까닭에 영성가 프랜시스 쉐퍼는 예수를 통하여 우리가 '닫힌 체계'(closed system)에서 '열린 체계'(open system)의 존재가 된다고 말합니다. 온통 사방이 꽉 막혀 길을 볼 수 없는 우리가 예수를 통하여 길을 발견하게 되는 것입니다. 예수가 길(EXIT)이기 때문입니다.

이제 필요한 것은 길 되신 예수를 인정하고 받아들이는 것입니다. 나의 주님으로 맞아들이고 믿는 것입니다. 그 순간 길에 들어서는 것입니다. 새로운 존재, 길 되신 예수 안에 있는 "새로운 피조물"이 되었기 때문입니다.

> "누구든지 그리스도 안에 있으면 새로운 피조물이라 이전 것은 지나갔으니 보라 새 것이 되었도다"(고후5:17)

새로운 존재로서의 삶, 이제 남은 것은 예수 그리스도를 나의 구주로 맞아들이는 일입니다. 곧 믿는 것입니다.

어떻게 하시겠습니까?
이 제안을 깊이 생각해보시겠습니까?

만일 깊이 생각해보시겠다면 다음의 기도문으로 쑥스럽지만 기도해 보십시오. 그냥 읽으시면 됩니다.

아직 완전히 이해되지 않아도
하나님을 인정하고 싶습니다.
솔직히 좀 더 알고 싶습니다.
만일 하나님이 계시다면 이런 나를 도와주십시오.
예수님 이름으로 기도합니다. 아멘.

서명 ______________________

* 만일 서명하셨다면 꼭 교회 혹은 인도한
분에게 알리시고 도움을 받으시기 바랍니다.

8
그 이후

초기 기독교, 특히 로마가 통치하던 시대에 많은 크리스천들이 고난을 당하고 순교하는 것은 다반사였습니다. 왜냐하면 로마가 제시하고 있는 시스템인 '팍스 로마나'를 거부했기 때문입니다.
식민지 생활을 하던 그들은 무엇보다 먼저 로마 황제를 섬겨야 했고 쇼생크 감옥처럼 로마가 원하는 정치 경제 문화 등의 주어진 시스템에 순응하며 살아야했습니다. 물론 거기에 동의하면 편안하게 세상을 누리며 살 수 있었습니다. 제한적이지만 말입니다.

다른 사람들

크리스천들은 그것에 부딪혔습니다. 이 세상에서 물질적 풍요와 세속적 즐거움을 누리며 사는 것이 그들의 목적이 아니었기 때문입니다. 그런 태도 때문에 로마는 크리스천들을 핍박하고 고문하고 죽였지만 그들은 흔들리지 않았습니다.

그들은 다른 가치를 가진 사람들이었습니다. 그들은 이 세상에 살지만 이 세상이 전부가 아니었습니다. 오히려 그들은 나그네로 사는 것을 즐거워하였습니다.

> "그들은 모두 믿음으로 살다가 죽었습니다. 약속받은 것을 얻지는 못했으나 그것을 멀리서 바라보고 기뻐했으며 이 지상에서는 자기들이 타향사람이며 나그네에 불과하다는 것을 인정했습니다."(공동번역/히11:13)

그런 크리스천들을 세상은 더 심하게 대했지만 그들은 흔들리지 않았습니다. 성경의 기록이 참 기막힙니다.

> "또 어떤 이들은 조롱과 채찍질뿐 아니라 결박과 옥에 갇히는 시련도 받았으며 돌로 치는 것과 톱으로 켜는 것과 시험과 칼로 죽임을 당하고 양과 염소의 가죽을 입고 유리하여 궁핍과 환난과 학대를 받았으니"(히11:36-37)

이런 사람들을 로마 사회가 받아들일 수 없었던 것은 분명합니다. 성경은 이렇게 기록하였습니다.

"이런 사람은 세상이 감당하지 못하느니라"(히11:38)

이 세상을 살지만 저 세상의 가치로 살고 있었던 것입니다. 쇼생크 같은 상자 속에 살지만 출구(EXIT)를 알았기 때문입니다.

이것이 신앙입니다. 이 세상을 살지만 저 세상의 가치로 사는 것 말입니다. 그 사람이 크리스천입니다. 그들은 이 세상에서 달리 살 수 밖에 없었습니다.

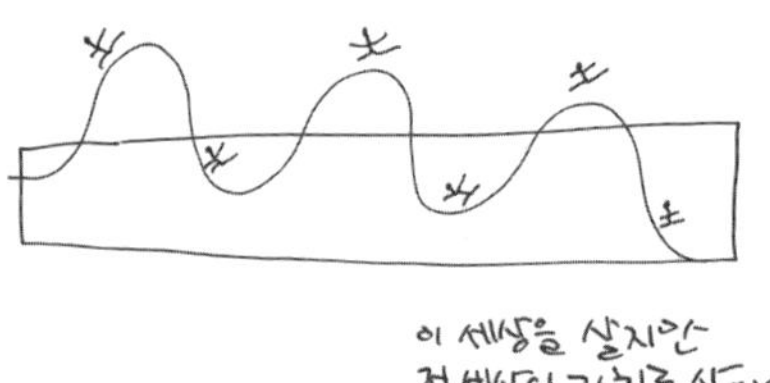

이 세상을 살지만
저 세상의 가치로 산다

민족 교회

1919년 삼일운동이 일어났을 당시 독립선언문을 쓴 33인 중 16명이 놀랍게도 크리스천이었습니다. 당시 대표 종교인 불교는 12명, 천도교는 15명이라는 것을 볼 때 이미 기독교 역시 주요 종교의 위치에 있었던 것입니다.

그 당시 조선은 희망이 없는 상태였습니다. 알다시피 이완용 같은 이에 의해 나라는 팔려나갔고 창씨 개명에 이어 조선어는 더 이상 학교에서 쓸 수 없는 언어가 되어 있었습니다. 영화 '김두한'의 경우에서 알 수 있듯이 일본은 조선을 이류 백성으로 취급하였습니다. 노름, 첩, 기생, 술 그리고 양반 상놈 제도까지 모든 나쁜 것들은 다 허용하였습니다.

그런데 삼일운동이 일어난 것입니다. 흥미로운 것은 33인의 나이입니다. 독립선언문에 참여한 기독교인 16명 중 30대는 5명, 40대 6명 등 모두 11명이었습니다. 반면에 천도교와 불교는 30대는 한 명도 없었고 40대는 천도교 3명, 불교가 1명에 불과하였습니다. 삼일운동의 동력이 기독교에 있었다는 뜻입니다.

1885년 인천 제물포로 아펜젤러와 언더우드 선교사가 복음을 들고 들어온 지 34년만의 일이었습니다. 이것은 대단히 의미있는 사건입니다. 34년 된 종교가 독립운동의 중심이 되었기 때문입니다.

34년동안 복음으로 기독교는 많은 영향을 조선에 끼쳤습니다. 26살의 아펜젤러와 25살의 언더우드, 그들은 먼저 교육, 의료, 문서 선교에 노력을 기울였습니다. 그들은 배재, 정신, 연희(연세대), 경신 등의 학교를 세웠습니다. 이어 들어온 선교사들도 이화(스크랜튼 선교사)등 학교를 세웠는데 1910년까지 선교사들에 의해 설립된 기독교 계통 학교는 무려 796개에 이르렀습니다. 알다시피 어린 나이의 유관순 열사는 이화학당 학생이었습니다.

이 같은 교육의 힘 때문에 분명히 기독교는 소수였지만 독립운동의 중심이 되었습니다. 이후 정동교회에서 독립협회 지회가 결성되는데 서재필, 이승만, 윤치호, 주시경, 이상재, 남궁억 등 기독교인이 중심이었습니다.

간과하지 말아야 할 것은 언어입니다. 이미 학교는 일본어를 국어로 사용하고 있었지만 선교사들이 열심히 번역한 조선어 성경이 교회에서는 쓰여지고 있었습니다. 언어를 잃지 않은 이유였습니다.

나라를 잃었던 시절, 로마 시대의 크리스천들처럼 세상과 타협하지 않은 기독교를 일본제국주의는 감당할 수 없었던 것입니다. 원래 기독교의 DNA는 이런 모습입니다. 세상이 감당할 수 없는 모습입니다. 하나님을 제대로 믿는 이들의 제대로 된 모습입니다.

하나님을 믿기 때문입니다. 하나님을 믿는다는 것은 다른 존재가 되기 때문입니다. 주님이 말씀하신 길을 따라 자기 부인과 십자가를 지고 살기 때문입니다. 그래서 이 세상의 가치나 시스템에 휘둘리지 않습니다. 불의와 더러움에 매우 분명하게 일어섭니다. 세상을 변화시켜왔던 이유입니다. 이것이 신앙의 매력이고 기독교의 힘입니다. 하나님이 살아계시기 때문입니다.

그때부터 행복해집니다. 자유해집니다. 이 세상을 살지만 저 세상의 가치로 살기 때문입니다. 쇼생크 감옥 같은 상자 속에 살지만 출구(EXIT)를 알았기 때문입니다. 천상병 시인이 그의 시 '귀천'에서 표현한 것처럼 '소풍'같은 삶을 살게 되는 것입니다. 자연스럽게 말입니다.

귀천

나 하늘로 돌아가리라
새벽빛 와 닿으면 스러지는
이슬 더불어 손에 손을 잡고,

나 하늘로 돌아가리라
노을빛 함께 단둘이서
기슭에서 놀다가 구름 손짓하면은,

나 하늘로 돌아가리라
아름다운 이 세상 소풍 끝내는 날,
가서, 아름다웠더라고 말하리라

혹시 믿기로 했다면

혹시 이 책을 읽으면서 주님을 믿기로 했다면 기억할 것이 있습니다. 제대로 믿기를 다짐하고 걸어가는 것입니다.

조선 말기 가난하고 병들고 비참한 우리 민족과 달리 지금 부요해지고 엄청난 건물을 지닌 교회가 되었지만 삼일운동 당시 교회만큼의 영향력은 없습니다. 오히려 지탄의 대상이 되고 말았습니다.

신문 등을 통해서 들었겠지만 일부 교회와 크리스천들이 하나님 나라에 속한 삶이 아니라 세상을 추구하며 삽니다. 더욱이 어떤 교회들은 세상에서의 성공과 영광을 하나님의 축복이라고 가르칠뿐 크리스천의 책임, 십자가를 말하기를 꺼려합니다.

어느 날 부터인가 불의와 더러움, 스캔들, 세습과 세속적 권위가 교회와 크리스천들을 지배하기 시작하였습니다. 동시에 정치, 경제, 문화 등 모든 분야에 크리스천들이 허다하지만 보이지 않는 희귀한 현상까지 벌어졌습니다.

제대로 믿지 않았기 때문입니다. 제대로 훈련받지 않았기 때문입니다. 그러므로 혹시 믿기로 했다면 제대로 믿어야 합니다. 제대로 하나님을 믿으십시오. 제대로 훈련을 받으셔야 합니다.

> "아무든지 나를 따라오려거든 자기를 부인하고 날마다 제 십자가를지고 나를 따를 것이니라"(눅9:23)

그럴 의향이 있으십니까?